À Acoria Éditions

Benoist Saul Lhoni

Paroles d'Ailleurs, Col. Paroles poétiques, Paris, oct. 2008
Étreintes (dialogues…), Col. Paroles poétiques, Paris, mai 2011
Instabilité et institutions politiques en Afrique centrale francophone (1960-1977), Essai, Paris, 2014
L'Afrique des blocs et l'indépendance des États africains, Mythes et réalités, Essai, Paris, fév. 2016
Morsures d'exil, Col Paroles poétiques, Paris oct. 2016

Patrice Joseph Lhoni

Œuvre complète, **théâtre**, Paris 2017.
L'annonce faite à Mukoko ou Mbulu-Mbulu
Quand le bras est malade
Matricule 22
Les Trois Francs
Les Princes de Mbanza-Kongo
Liberté
Kombabeka, reine de Bonga
Tchimpa-Vita ou les préparatifs du bûcher de Kilombo
Les termites

Roman
Le Troisième Jour, *Plaidoirie pro domo*, Paris, 2013.

Récit
L'exode, *Bisi Mavula*, Paris, 2013.

Proverbes
Le Masque des Mots *sous le toit de mon père* (traduction de 500 proverbes Kongo), Paris, 2014.

Histoire
Brazzaville *Cœur de la nation congolaise* 1880-1970, Paris 2017.

Essai
Georges Brassens, *les diables s'en mêlent à présent,* Paris, 2017.

Contes
Guirlandes fanées, *contes du Congo-Brazzaville*, Paris, 2011
Les nouvelles guirlandes fanées, *contes & légendes du Congo-Brazzaville,* Paris 2017

Du pays
d'où nous venons

Pour
Kendra
David
Marguerite
Romane
Nolann
Curtis
Rebecca
Mahé
Mia-Eva
Aminata
David
Harisson
Eddy
Victoria
Clayton
Bridget
Aurore
Palchina

Image de couverture Nkondi (statuette)
© Benoist Saul Lhoni, Saint-Gratien (France)

Tous droits de traduction,
de reproduction, d'adaptation et
de représentation réservés pour tous pays

ISBN 978-2-3221-820-5

Patrice Joseph Lhoni
Benoist Saul Lhoni

Du pays
d'où nous venons

Poésie à deux mains

*Le triomphe n'est pas un fruit du hasard
Il naît d'une longue patience
Et, si paradoxal que cela puisse être
Il est parfois le résultat d'une série d'échecs !*
Patrice Joseph Lhoni

Lorsque l'inconnu t'effraie
Ne lui tourne pas le dos
Au contraire, tu gagnerais à le comprendre
Benoist Saul Lhoni

*Tout m'y charmait d'abord :
la nouveauté du climat, de la lumière,
des feuillages, des parfums, du chant des oiseaux,
et de moi-même aussi parmi cela*
André Gide

*Voyage au Congo
Éditions Gallimard, Paris, 1927*

Brazzaville
Ma patrie

Voici la terre de mes ancêtres
Elle est ma seule raison d'être
Mais son nom n'est point original
Le colon blanc, aventurier
Sans aveu
Contre le meilleur de nos vœux
Y vint souiller notre honneur virginal

Des noms aux syllabes sonores
Hantent ma mémoire qui les honore
Non pas celui de Brazza Savorgne
De qui sont nés tous nos maux
Mais de N'galièma, bras droit de Makoko
Dont le pays fut conquis sans vergogne

Je me souviens de Mbanza-Mfoa
Qui fut autrefois
De son chef N'Ghia, contraint à l'exil
De N'Gamba, N'Gaéka, Nyouma-M'Voula
Qui s'opposèrent aux bâtisseurs de Mavula
Afin de préserver le pays du péril

Montrant du doigt aux « indigènes » rassemblés
Le pavillon français clapotant au vent congolais
Brazza dit : « Tous ceux qui le touchent sont libres ! »
Amère ironie ! Nous étions colonisés, bel et bien !
Dépouillés de tout et pourvus de rien !
Désormais nous devions cesser de vivre !

Tel fut notre sort, trois quarts de siècle pervers
Mais le temps inflige bien des revers :
Hourra ! Le carcan colonial s'est rompu
Après qu'il nous ait horriblement détruits
Peu importe ! Des leçons de liberté instruites
À la coupe de « dipanda » nous avons bu !

La petite rivière, prédestinée !

Je suis parée, d'un nom prédestiné
Mfoa !
Entendez : rassemblement
Grande rencontre
Je prends ma source
Au pied du plateau de Maya
Plateforme destiné à porter
Les pèlerins de tous les continents !
Mon onde joyeuse
Décrit de gracieux méandres
À travers la cité
Au vocable non moins prédestiné :
Fusion des peuples !

Mon séjour est bref
Dans cette agglomération cosmopolite :
J'ai hâte de rouler
Vers mon destin immense
Confier mon sort
Au grand fleuve Kongo
Sa Majesté Royale
Des ondes subsahariennes !

Mon destin est deux fois béni
Je sors d'une gloire
Pour entrer dans un triomphe
Et je suis tout petit : un filet d'eau !
Peu importe
Ma grandeur
Est dans mon destin
J'étais faite pour rassembler des peuples
Je me nomme MFOA !
Et, c'est de moi que part
L'histoire du pays Kongo.

Sursum Corda

Crois, mon cœur
En toutes tes entreprises
En te moquant
Des sourires imbéciles
De ceux qui ne seraient nés
Que pour détruire
L'œuvre des autres !

Car ta foi seule
Est garante de succès
Mieux que ton courage
Ou ta ferme volonté créatrice

À l'effort de la tête,
Joins celui du cœur
Rien ne réussit qui ne soit fait
Avec conviction

Travailles, travailles
Avec obstination
Sans jamais abdiquer
Le chemin du devoir

Ce qui compte
Ce n'est pas
Ce qui est fait
Mais bien ce
À quoi c'est utile

Ne sois pas étonné
De l'insuccès
Il peut n'être
Que momentané
Si tu sais
Te reprendre à temps
C'est une leçon
Riche d'enseignements

Garde toi de rire
Des premiers pas du novice
La maîtrise et l'art
Sont fils derniers-nés
De l'expérience
Et la tolérance
Est une vertu rare
Qui fait défaut
À beaucoup de sages

N'engage aucune action
Avec la naïveté candide
De qui ne sait jamais
À quoi il s'emploie
Dis-toi bien aussi
Que chacune de tes décisions
Est un défi qu'à toi-même
Tu te lances

Le triomphe n'est pas
Un fruit du hasard
Il naît d'une longue patience
Et, si paradoxal
Que cela puisse être
Il est parfois le résultat
D'une série d'échecs !

Lorsqu'à certains moments
Tu te sentiras seul
Écœuré par la stupidité
De ton entourage
Dont l'incompréhension mettra
Comme un vide
Autour de toi
Et qu'il te paraîtra
Qu'en vain tu te dépenses
Crois, mon cœur
En toutes tes entreprises.

L'inconnu

Lorsque l'inconnu t'effraie
Ne lui tourne pas le dos
Tu gagnerais à le comprendre

Le refus de l'harmonie
Avec les autres
Est Le mal de ce siècle
Ton ouverture d'esprit
Te mènera parmi les hommes
De bonne ou mauvaise volonté

Mais tu n'abdiqueras point
Les chemins de compassion
Et de la solidarité
De ton enfantement

Creuse, fouille, bêche,
Sans jamais perdre le sens des réalités
Au bout les fruits de ton entreprise
Serons le creuset
De ta générosité

Aide à supporter
L'infortune des autres
Ne te repose pas sur tes acquis
Car sans cesse sur ton métier
Tu les remettras

Demeure humble
Accompagne dans l'apprentissage
Ceux qui s'ouvrent à toi
Pour un legs de vertus
Et de bonté
Avec passion
Mais aussi raison

Soit comme l'océan
Qui apporte à chacun
Les nutriments de la vérité
Au rendez-vous de la réussite
Gestation d'une longue observation
Entre échecs et réussites

Tu récuseras la solitude
Comme auparavant
La bêtise humaine
Et sois toujours humble
De tout considérer à sa juste valeur
Et le monde t'apparaîtra
Dans sa plénitude.

Congo

Né dans les régions
Montagneuses des Grands Lacs
Dans un cadre
De paysages verdoyants
Tu charries, majestueux
En un gigantesque arc-en-ciel
Ton abondante masse d'eau
Parmi des terres immenses

À l'impressionnante
Grandeur de ton cours
Tu dois la légende de ton nom
Et mille peuples étrangers
Accourus de toutes parts
Ont élu domicile
Sur tes rives hospitalières

Exemple étonnant
De puissance paisible
Tu as empreint nos cœurs
De la grave simplicité
Qui fait de nous les frères
De tous les hommes
Moins spéculateurs
Sans doute
Mais très humains

Tu nous a appris
De bonne heure
Qu'à nos princes traditionnels
Nous étions soumis
Que l'indulgence
Est fille de l'autorité
Mais qu'exécrable
Est toute puissance tyrannique

Loin de servir
De frontière
Entre nous tu nouas
Des liens fraternels
Et nombreux sont morts
Sur une autre rive
Que celle qui les vit naître

Baigne de ta fraicheur
Fécondante les terres arides
Et que les cœurs assoiffés
De justice et de paix
Se donnent la main
Autour de ton bercail
Pour lutter ensemble
Au recouvrement
De leur liberté !

Kongo

Ton nom s'étale
En lettres de sang
Que l'héroïne séculaire
De tes tribus s'est mise au ban
Avachie dans la crasse
Nauséeuse

Quel tribut te faudrait-il
Encore payer
Qu'à l'ombre de tes manguiers
S'écoutent à nouveau
Les concerts de ton destin
De concorde, de solidarité

À moins qu'en sondant ton histoire
Nous ne découvrions
Quel est ton destin
Dans ta déconstruction sanglante

Et que ta beauté
Souvent louée
Ne soit qu'une farce !

Vous avons renié
Nos princes, nos rois, nos sages
Pour nous soumettre
Aux puissances tyranniques
De l'esclavage
À la colonisation
Et sa résilience
Pour des siècles encore !

Nous nous sommes
Collectivement et sans remords
Attachés à l'atavisme
De nos bourreaux
Et combien d'entre nous
Ont sombré dans les abysses
Pour jusqu'à l'infini insondable
Demeurer
Dans l'esclavage
Et la tyrannie ?

**Crépuscule
sur le pool**

De la Flottille
Qu'empli d'aria
Une musique afro-cubaine
Dans un décor merveilleux
Mon regard
Contemplatif se promène
Çà et là sur le lac immense
Ponctué d'îlots verts
De jacinthes d'eau
Que berce
Le rythme de danse

L'île Mbamu s'estompe
À l'horizon brumeux
Tandis que rentrent
De leur pique-nique
Des groupes de badauds
Sur de frêles embarcations
Qui battent les flots écumeux

Les blancs pique-bœufs
Regagnent
De leur vol indolent
Les vieux baobabs trapus
Et touffus de la berge
Des colonies loquaces
De perroquets insolents
Volent très haut
Vers le Congo ex-belge

Bientôt le soleil s'éteint
Kinshasa s'illumine
De mille feux où le rouge
Publicitaire domine
Et, sur la large baie
Qui scintille
Sous l'éclat lunaire
Glisse la silhouette attardée
Du piroguier légendaire.

Mpimpa

Nuit noire,
Nuit hantée
De formes
Fantasmagoriques peuplée
Dresse le voile opaque
De l'obscurité
Et confond
Toutes choses

Au doux roucoulis
Des pigeons
Succède le sinistre
Hululement des hiboux

La peur gagne les esprits
Les cheveux se dressent
Quelle est cette effroyable pesanteur
Qui plane indolemment dans l'air ?
Quel est ce lourd silence
Qui accable tous les êtres ?

Le village s'est tu
La case est muette
On entend frissonner
Les safoutiers
Qui tremblent
Au vent nocturne

Puis, soudain, houhou… hou ou
C'est le hibou,
Le réveil des sorciers
Des armées
Invisibles s'organisent
Et dans l'ombre épaisse
Des combats commencent

Demain, quand le soleil luira
Avec le jour naîtra le féticheur
Penché au chevet du malade
Le Nganga dira
le mystère de la nuit dernière.

Nuit et solitude

Solitude et nuit
Mots étranges
Que je n'ai pu m'expliquer
Et toujours sans entrain
Me feraient prendre le train
Pour raconter au coin du feu
Mon odyssée
Sans clefs
Pour m'ouvrir ces deux mots étranges
Qui ne résonnent point

Lorsqu'aux bornes
De leur existence
Je me réveille en nage
Sans même pouvoir y donner un sens
Me rappeler l'angoisse
Baignant dans la poisse
De ma sueur perlant
Sur mon front et mon cou penchant
De drôle de manière

Soudain
Le hululement
De la chouette
Se répercute à l'infini
Dans la nuit d'encre, lugubre

Les frondaisons des arbres
Jouent aux ombres chinoises
Avec la brise du soir
Ayant parcouru à rebours
L'enfilade du canyon
À l'entrée de la vallée
Au fond de laquelle se tapit
Le village de grand-mère

Les lucioles voletantes
Majestueusement
En clignant
De tout leur corps
Me ramènent à l'instant
De mon éternelle interrogation
Nuit et solitude
Tandem pour l'éternité ?

Ngondà

Compagne fidèle
Des comptines du crépuscule
Elle éclaire la campagne
Jusqu'en lisière du terroir
Des bisi Kahunga

La lune joue à cache-cache
Avec les nuages
Et les étoiles jouent avec elle

Lorsqu'elle est pleine
Pour certains
C'est le temps des cauchemars
Pour d'autres
Une période de renouvellement

Et elle me fascine
Par sa beauté
Autant qu'elle effraie
Ceux prédisposés
À des troubles de comportement

Tandis que les marées
Ressac après ressac
Se donnent rendez-vous
Sur les plages désertes
En bordure du Kalahari
Et que les femmes
Renouvellent leur flux sanguin
Ngondà demeure
Reine des rêveries.

Makuela

N'attends pas de moi
Mon frère
Puisque tu me connais assez
Puisque tu sais
Jusqu'à quel point
Je t'appartiens

Non, n'attends pas de moi, Makoza
Ou bien alors
Tu es étranger chez nous
Ou bien alors
Tu n'as pas vu
Que j'ai balayé la case
Que j'ai puisé l'eau
Que j'ai fait le marché
Que j'ai cuit le manger

N'attends pas de moi
Mon frère
Toi mon père
Toi ma mère
Toi ma providence

Puisqu'à cause de toi
Je ne me promène pas
Puisqu'à cause de toi
Je me fais griller le dos
Sous le soleil
Des plantations
Je me fais piquer
Par les mouches belliqueuses

À cause de toi
Je ploie sous la moutête...
L'autre jour,
Tu t'en souviens
Mais cela nous est arrivé
Plus d'une fois
Oui, l'autre jour tu m'as dit
En public, des insanités
Les méritai-je, ne les méritai-je pas
Je n'en veux rien savoir

Mais baissant la tête
Je me suis retirée
Pour éviter de te répondre
De te faire honte en public

Non, n'attends pas de moi, N'zitu
Je préférerais m'en retourner
Chez mes parents
Plutôt que de te mentir
De te dire des choses
Par ma bouche
Alors que le cœur
N'y serait pas :
La preuve de mon amour
Pour toi
Le parler n'est pas assez fort
Pour te l'apporter

Juge-moi plutôt autrement
Par mon silence, par exemple
Synonyme de soumission...
Non, n'attends pas de moi
Mon bien-aimé
Pour croire à mon amour
Une foule de mots !

Alliances
claniques

à Bénédicte

Ce matin
J'ai précédé le réveil
Qui me tire du lit
À l'aube naissante

Je me suis posé la question
De ton engagement
Mille idées confuses
Ont peuplé ma nuit

Elles se sont bousculées
Dans ma tête
Alors que j'émergeais d'un sommeil
Envahi de références
À notre clan

J'ai essayé de mettre
De l'ordre dans notre filiation
Qui étions-nous ?
D'où venait le premier ?
D'où venait la première ?

Ils firent que le clan
Par juxtapositions successives
S'est nourri de différents apports

Strates diffuses
Par absence de datation
Notre oralité non entretenue
Absence de fondement scripturaire
Nous laisse un étrange héritage métis

Ce dont je me souviens
Les liens dans le berceau du terroir
Obéissait à des règles
Obéissait à la coutume
Tout était codifié
Par avance

De la naissance
À l'envol vers d'autres cieux
Le vin de palme
De la bénédiction
Du fait même de ta naissance
Scellait un destin
Par le jeu des alliances claniques

Mais dans le monde
Dans lequel nous vivons
Il nous faut réinventer
Nos codes
Nos parentés

Et les alliances
Que nous y nouons
S'affranchissent
Bien souvent
De nos traditions
De nos coutumes
Sorties de leur cadre
De leur espace géographique

Me voilà sommé
D'être le phare
Un phare sans énergie primaire

Ce jour est celui de ta décision
De tenir un nouveau cap
Auquel tu voudrais
Un phare témoin
Comme guide tutélaire
Et te rassurer sur ton choix

J'accepte de te tenir
La main et t'accompagner
Vers celui qui t'a choisi

En formant le vœu
Que ta nouvelle vie
Ta nouvelle parenté
Soient le couronnement
De tous vos désirs.

Malaki[1]

Soudain, l'air vibra
D'un son magique
Le crépitement
D'ardents tam-tams
Agréable et troublante musique
Remplit les alentours
De bam-bams

Car, du village
C'est aujourd'hui
Le Malaki,
Fête de chez nous.
Nous boirons
Nous chanterons, oui ! oui !
Mais, bien sûr
Nous danserons, surtout !
Élargissons
Le cercle de danse

---

1 — Chez les Laris et les Kongos du Congo Brazzaville, le Malaki est une fête célébrée dans les familles à la mémoire ou en honneur des défunts. L'ancien Malaki qui durait trois jours et au cours duquel moutons, porcs et cabris étaient égorgés tend à disparaître pour céder le pas au Matanga, fête du retrait de deuil qui ne se célèbre plus que pendant quelques heures dans les villes.

Tous, tous ensemble
Marquons le pas
Une, deux, trois
Toujours en cadence
Sur le rythme
Du tam-tam qui bat

Sous le charme
Des chants délirants
Hommes d'un côté
Femmes de l'autre
Ou, mêlés tous
Dans un même rang
Dansons, dansons
Ce jour est le nôtre !

Que de belles compagnes
Aux reins souples
Chacun d'entre nous fait le choix !
Hé ! Hé ya ! Dansons couple par couple
Enivrés de musique et de joie !

Bientôt, mon Dieu, quelle frénésie
Quand, sous d'envoûtantes mélopées
De soubresauts la foule est saisie
Et ondule et frémit, obsédée !

Les piétons

Un, deux, un, deux, et un, deux, un, deux...
La route est longue, et son ruban
Interminablement, se déploie
À chaque pas, elle s'allonge d'un pas
Où commence-t-elle, où finit-elle ?

Mosi, zole, mosi, zole
Un, deux, un, deux...
À la longueur de la route
S'ajoute le poids du soleil
Il faut bander les mollets pour arriver
Coûte que coûte
Et, se laissant bercé par la rêverie
Cheminer machinalement

Moko, mibale, moko, mibale
Un, deux, un deux…
La route escalade
Et dégringole tour à tour
La pente des collines
Elle franchit, en s'y plongeant
Les cours d'eau
Et, morte sur une rive
Elle renaît aussitôt sur l'autre

Un, deux, mosi, zole, moko, mibale…
De loin en loin
Un arbre à l'ombre salutaire
On y fait escale
En s'épongeant le front du pouce
Puis, repartir sur la même cadence binaire

Un, deux, un, deux,
Mosi, zole, mosi, zole
Moko, mibale, moko, mibale
Un, mosi, deux, mibale...

Parfois, pour tromper la fatigue
Et jeter l'oubli sur la longueur du chemin
Un instrument de musique
Sansi ou Nsambi
De sa note plaintive
Accompagne les marcheurs

Mais alors, rompant avec sa lassitude
Et sa monotonie
La marche devient une danse
Et les corps ruissellent de sueur
Les plaines
les forêts
les marigots
les villages
Défilent à l'insu
Les étapes sont brûlées

Ce ne sont plus des marcheurs
Mais de frénétiques danseurs
Le jarret se tend,
Se gonfle à éclater
Le pied se couvre de poussière
Et se fait intrépide
Et jusqu'au soir tombant
Se poursuit la randonnée
Un, deux, mosi, zole, moko, mibale…

Notre devise

La nature est une école
Riche d'enseignements
Pour qui sait écouter, entendre
Et regarder attentivement

Regarde ces abeilles
Autour de la ruche, actives
Et dont les allées
Et venues hâtives
Créent un incessant
Mouvement de solidarité
Un labeur commun
Les anime, en vérité

C'est à leur exemple
Que nous formons
Un seul peuple
Que rien ne divise
Selon notre devise

Admire ces légions
De fourmis affairées
Autour du butin
En rangs serrés
Leurs efforts
Conjugués sans relâche
Facilitent grandement la tâche

À leur image
Nous bâtirons nos villages
Au sein d'un parti unique
Fort et dynamique

Du caméléon ne ris
De la marche lente
S'il avance à foulées titubantes
Il va sûrement jusqu'au but[1]
Car, régulière est sa marche
au terme comme au début

---

[1] — Lunguenia wa yenda Mboma, fuki ka sa. Le caméléon parvint jusqu'à Boma, grâce à sa persévérance (dicton kongo).

De lui retiens
La leçon d'obstination :
Suivre son chemin
Jusqu'à destination[2]

Au silencieux saurien
Sois égal
Et, du Parti vis l'idéal !
Vois-tu cet arbre là-bas
Rebelle au vent qui le bat ?
Il se dresse
Au milieu de la savane
Semblable au soldat victorieux
Qui se pavane

Il n'a pas atteint
Cette belle taille
Sans avoir livré bataille
À la violence
Des ouragans tumultueux
Précurseurs
Des orages impétueux !

---

[2] — *Nzila bu la hana hata.* Le chemin est long, mais il mène au village (dicton kongo).

Il est le symbole
D'une lutte constante
Qui se livre avec
Une énergie permanente

Debout ! L'heure a sonné
Marque le pas :
Voici que commence
Notre Combat !

Macabre

Macabre
Nous disons macabre
Le temps s'est mis au diapason de l'instant

Le torchon a brûlé
Ils étaient tous
Très souvent
À la même messe
Pour ensemble
Entonner le même credo
Et la rupture
Fut consommée

Les lieux de pouvoir pour les uns
Et les forêts de la périphérie de Brazzaville
Pour les autres
Les slogans délivrés tantôt
Finirent en torrent de sang
La dialectique mise entre parenthèses

On promène les anciens camarades
Massacrés sans procès
Dans la pure tradition stalinienne
Dans les rues de Brazzaville
Transformées pour la circonstance
En arène expiatoire
Où le bourreau, soutenant
La tête de Ange Diawara
Renvoyait à cette autre funeste image
D'un Lumumba déjà ailleurs
Et dont la tête
Était le bilboquet
D'un de ses tortionnaires

Il ne reste plus dans mon esprit
Que la montée au pinacle
De la déraison collective
De tous les sycophantes
Et jusqu'à la coupe réglée
Des richesses de la nation
Qui par revers
S'appauvrissait
Et demeurait
La proie du néocolonialisme

De là sont nés
Tous les phallus mortifères
Qui nous violent
Encore et encore
Ne nous laissant
Aucun répit
Notre exil en contrefort
La soumission aux autres
Après un autre règlement de compte

Notre héroïsme s'est dilué
Dans la crasse de notre écrasement
Comme autant s'est dilué
Le brouhaha matinal
Dans les clameurs incestueuses
Des viols de femmes
Des viols de jeunes filles
À peine pubères
Un si long silence sacrificiel
Ce ne sont pas nos tortionnaires
Les plus forts
Mais les Congolais qui ont abdiqué leurs idéaux
De concorde de liberté de solidarité

Car nulle part
La dictature a fait le lit de son impéritie
Avec autant de facilité
Où le chef suprême de la mascarade paraît ailleurs
Niant jusqu'à l'évidence
Sans jamais provoquer
Que de l'indifférence coupable
comme si la rémission de notre indifférence lui
était définitivement acquise
Les parrains de cette agonie dans leurs palais
ourdissent encore et toujours les cataclysmes à
venir comme autant de notes de musique dévoyée
sur une multitude de portées sur lesquelles
dansent les gouttes de sang des suppliciés les
maux amers de notre sempiternelle négation
Je récuse ces petits matins
Ces vents contraires qui m'enchaînent
Ces égoïsmes exacerbés
Car même au-delà de nos oripeaux
Je suis homme-de-Palestine

Une femme Rohinga-de-Birmanie
Un non-africain d'Afrique du Sud
un homme-sandwich du Soudan du Sud
Les enfants-famines
Les hommes-incultes
les femmes torturées
On pouvait à tout moment les pendre
les brutaliser, les embastiller, les amputer
les lapider, les brûler, les gazer, sans jamais de
compte à rendre à personne
et encore moins témoigner de quelques émois.
Seuls comptent les cartels des matières premières
pillées sans contrepartie que celle de la connivence
assumée comme les danses sautes-prisons pieds
levés, les danses sautes-prisons les mains jointes
en signe de supplication, les danses
sautes-prisons balancelles craquant les épaules
craquant les talons d'Achille lorsque suspendus
têtes en bas tels des roussettes

Ohé! Ohé! De la City Ohé! Ohé! De Wall Street!
Ohé! Ohé! Du Cac 40! Ohé! Ohé! Les banques
helvètes, coffres-forts liges des détournements
des fonds publics de mon continent!
J'aurais beau m'époumoner, mon martyr sans fin
vous laissera toujours indifférent, vos bourses
liées tarent mon travail, tarent mes richesses,
pendant que vos bons nègres ceux-là mêmes que
vous introduisez dans vos cénacles cannibales leur
faisant croire qu'ils sont de votre rang, vos grades
et que sais-je encore?
Et que vous régurgitez, feudataires de vos ignominies
Me feront danser vos ritournelles vos mazurkas en
valses closes nos pays étant devenus des prisons
À ciel ouvert où la période de la chasse aux nègres
irrévérencieux selon vos canaux est permanente et
compagne fidèle des charniers essaimés ça et là
avec votre sollicitude et bienveillance

Ce sont de bons nègres qui ne sont jamais sortis de la colonisation et bien avant, de l'esclavage encore moins qu'ils ne se soient révoltés quand toujours et encore on leur sérine qu'ils sont pauvres et assujettis en permanence
À tous les programmes de développement qui en réalité ne sont que des poncifs réduisant à néant Tout esprit de discernement et que surtout ils ne sont jamais entrés dans l'histoire! Quelle aberration dès lors qu'ils ont fait ladite histoire en contribuant à vous rendre encore et toujours plus riches à leurs détriments!

Congolia

Je suis noire
Mais je suis belle.
Je me définis d'un mot :
Tendresse

Voyez !
Je suis reine des foyers
Mère des enfants
En quête de tendresse.
Et c'est à ma parole douce
Que le mari trouve le réconfort

Et la maison est triste
Où je suis absente
Ma vocation ?
Ma raison d'être ?
Mettre l'amour
À la place de la haine
Et créer le bonheur
Dans les cœurs meurtris

Ce n'est pas tout
Car voici
Quatre saisons révolues
Je veille un enfant
Né des Trois Glorieuses.

Elle...

À Gabrielle

Elle ne trouve plus grâce à mes yeux
Plus jamais à deux
Elle a repoussé mon monde invraisemblable
Au fond de l'impasse
Elle a transformé
L'élan de mon amour-caresse
En labyrinthes si fermés
Et s'est mué en divagations interminables

Que les joies de sa découverte
Un soir de mai sur une dunette
Quand les premières roses de l'été
Mêlaient leur parfum à la bise du soir
Avaient magnifié un temps scandé
Quand temps et tempo
Faisaient chorus autour d'un pot
Alanguissant mon désir
Brisant les barreaux
De la retenue de l'extase à carreaux
À son contact
Avec tact

Elle ne trouve plus grâce à mes yeux
Même les souvenirs
L'ont renvoyé avec force soupirs
Dans cet infini insondable
Où je m'empresse en beau diable
De l'enfermer à tout jamais
Sans plus jamais
Me soucier de ce visage
Aux joues perlées de larmes
Creusant des sillons
Si profonds
Pour s'y perdre
À jamais !

Pourtant très souvent, je pense à Elle
Sans plus cependant
Me rappeler grand-chose

Très souvent je pense à Elle
Lorsque le froid mordant
Me rappelle autre chose enfin
Que je retrouve quelques effluves
De sa fragrance préférée et sensuelle
Qui imprégnait son corps
Longtemps désiré
Une nuit sans torts
Un songe peuplé
De mille images volées
À mon moi désabusé

Une scélérate habitude d'indigent
Qui fait le tri
Sans en connaître le prix
Se répétant à l'infini
Du coucher et du lever
D'un soleil, d'une nuit
Me sommant de braver
Mon esprit tourmenté et réduit

Très souvent je pense à Elle
Comme dans un jeu
De défense absolue de la reine ou du roi
Je me surprends alors à considérer
Que la vie continue après échec et mat.

Inéluctable

J'essayai
De toutes mes forces
De nier l'inéluctable
Mais inlassablement
Le même message sur mon répondeur
Me ramenait à l'instant

        Papa Saul
        Noko fuidi

Ce n'est guère la réalité
Qui vous crée
Mais votre propre vision
J'étais loin
Et je n'avais rien
À quoi me raccrocher
Si ce n'est pas la voix brisée
Par le désespoir violent
De Clémence
Qui tournait maintenant en boucle
Dans ma tête
Jusqu'aux limites de mon inconscient

Papa Saul
Noko fuidi

La faucheuse avait fait son travail
Et cette fois comme à l'accoutumée
Sans prévenir, elle venait cueillir son dû
Je venais de verser des larmes
De commisération
En face de la porte de non-retour
De la maison des esclaves de Gorée
Et le jour même
À des lieues de là
Mon frère grand
Franchissait à son tour
Une autre porte de non-retour

Curieux destin
Cruelle destinée
À l'heure où la faucheuse
Va faire ses courses
De se retrouver
Ainsi démuni

Il ne me reste plus
Que les souvenirs
De nos altercations
Comme ceux de nos joies
D'enfants et d'adultes

Une chose m'a beaucoup perturbé
Les départs de père et de mère
Quelque temps déjà
Me semblaient à l'instant
Comme inéluctables certes
Mais acceptables tout de même
Comme si cela allait de soi

Alors que le décès
De mon frère grand
Me perturbe encore
Encore et encore
Comme si les liens de naissance
Étaient plus forts
Que ceux de donner la vie
Quels bouleversements !

Résurrection

On pourrait aussi dire :
Renouveau
Égaré au milieu
De ses vices
L'homme perdit le chemin
Qui conduit au bonheur

Il devait, au cours des âges
Ployer sous l'anathème
Que l'Éternel infligea
Au premier couple
Mais tout espoir
N'était pas perdu
C'est ainsi
Que les cloches de Pâques
Viennent encore
De carillonner à toute volée

Le triomphe de la vie sur la mort
La vie, c'est-à-dire
Le bonheur, la santé, le bien-être
Aussi bien matériel que moral
La liberté enfin

La mort, c'est-à-dire
Le malheur, la déchéance
La ruine, le néant enfin
Le Dieu, fait Homme
Pour le salut de l'Humanité
Vint habiter parmi nous

Il enseigna l'amour du prochain
Quel qu'il fût
Quelle que fût
La couleur de sa peau
Quel que fût
Son continent
Quel que fût
Son rang social

On dit même
Que toute la morale chrétienne
Se résume en l'amour du prochain
Mais le Dieu d'amour fut condamné
À mort par la racaille
Avec la complicité d'hommes au pouvoir
Et à être crucifié !

Croix de Jésus
Tu fus de bois
Et qu'en est-il resté
Une fois libéré
De ton pesant fardeau ?
Tu tombas en poussière
Dans le néant, rien de plus

Au point qu'on te chercherait en vain
Sur le Golgotha rocailleux
Où tu te dressas le soir d'un Vendredi-Saint !...

Je me trompe
Vaincue sur le Calvaire
Tu fuis à tire d'ailes et
Franchissant le Jourdain
L'Atlantique, les Alpes
Les Carpates, la Cordillère des Andes

Tu t'es multipliée aux quatre-horizons
Dans le temps et l'espace
Depuis lors, tu n'as cessé
De te planter dans les cœurs
Épris d'amour du prochain
Dans les cœurs assoiffés de justice
Dans les cœurs affamés de liberté !

Depuis lors, sous chaque ciel
Tu te dresses, en signe contradictoire
Qui opposera partout et toujours
Le Bien au Mal
La Vie à la Mort
La Justice à la Discrimination
La Servitude à la Liberté...

Croix de Jésus
Tu te dresses partout dans le monde
Où se livrent des combats singuliers
Sans issue, sans vainqueurs ni vaincus !

Croix de Jésus
Tu te dresses
Toute géante, en Afrique
Où les pauvres diables
Qui luttent désespérément
Défendent un bien plus précieux que l'or
LEUR LIBERTÉ !

Comme un oiseau...

Comme j'aimerais être un oiseau
Un oiseau volant ci-haut
M'affranchissant de toutes les frontières
De toutes les barrières
ci-haut qu'aucun douanier
N'exigerait de moi quelque sauf-conduit

Comme j'aimerais être un oiseau
pirouettant et par voltes rapides dans le bleu azur
D'un ciel de printemps
Contemplant de ci-haut
Les plaines et les montagnes fleuries
Me sentant citoyen du monde

Comme j'aimerais être un oiseau
Celui qui ne pleure point
Sur les malheurs et les misères de ce monde
Qui retrouve les réflexes antiques
D'une intolérable inquisition
Envoyant sur le bûcher
Tous ceux qui lui étaient contraires
Et qu'il ne pouvait contrôler

Comme j'aimerais être un oiseau
Non celui qui doive craindre
L'ouverture de la chasse
Mais celui qui refuse de survoler

Des migrants pris aux pièges des barbelés
Comme autant de filets tendus
Sur ses routes de migration

Comme j'aimerais être un oiseau
Celui de bons augures
Qui redonnerait à la colombe de la paix
Son rayonnement terni
Par la bêtise humaine
Qui ferait oublier

Homme-Soudanais
Homme-Palestinien
Homme-Irakien
Homme-Congolais
Homme-Rohingya
Homme-Syrien

Pour le triomphe de la fraternité
Abîmée sur les routes de l'exil forcé
Au fond de la méditerranée
Comme sur les routes des Balkans
Celles des pistes meurtrières
Du désert du Sahara

Ou l'irruption
Sur tous nos écrans
De ce fléau que l'on pensait
D'un autre âge
Des Africains vendaient des Africains
En Afrique à d'autres Africains !

Lorsque pèse la solitude...

Je les voyais assez souvent
Cheminant tout du long
À pas presque feutrés
Ils étaient d'une discrétion

Lorsqu'il s'en allait travailler
Et qu'il était obligé
De la laisser seule momentanément
Il ne pouvait s'empêcher
De se retourner
Encore et encore
Lui adressant des signes tendres
Lui adressant des signes d'encouragement
Comme pour lui dire
Ne t'inquiète pas
Je serais rentré bientôt

Cela l'apaisait
Elle lui faisait un signe de la main
Elle avait compris
Et l'attendait aux aurores

Aujourd'hui
À l'entrée de l'immeuble
Nous avons retrouvé
La compagne effondrée
Balbutiant des mots incompréhensibles

Tenaillée par le chagrin
Avec en leitmotiv
Que vais-je devenir ?

Le compagnon fidèle
S'en est allé
Sans cette fois lui faire un signe
Comme à l'accoutumé
Emporté par un arrêt cardiaque

Ne reste plus que des souvenirs
De toutes ces années passées
L'avenir incertain
Revivant les instants
Les histoires s'enchaînant
Les unes aux autres
Un long film des temps d'avant
Devant ce vide si soudain

De l'autre
Il ne restait plus que
Le souvenir des jours heureux
Que l'on parcourt
En regardant des photos
Couleur sépia
Que de temps passé
Et la solitude s'est invitée
En compagne fidèle !

Triste légende...

Je fais la révérence
À toutes ces années
Présentes à venir et passées
Qui ont roulé dans la farce
Du tortionnaire endimanché
La nation entière
Avec la béance d'un sourire
Digne d'un palmier fendu
D'où les larves de charançons
S'en donnent
À cœur joie

Insensible au matraquage
Insensible aux baïonnettes
Enfoncés jusqu'à la garde
Le sang des béances léché
Puis livré aux mouches
De l'ethnie complice
Ricanant aux bons tours
Du roi Ubu descendu
Dans les bas-fonds sordides

L'autre jour
Ils en ont précipité 350
Dans les évents du fleuve totem
Martyrs de l'oubli déjà

Tandis que dans la région scélérate
Se prépare une orgie
De sang-mêlé
Que rien n'arrête

La mort ?
Quelle farce !
Écrite par un auteur
Au cœur de pierre
Dont l'extase seule
Le fait se dandiner
Pensant danser mieux qu'un nabot

Et ce nègre-là
A le sens du rythme de la mitraille mortifère
Qu'il distribue allègrement en bon père
De la nation dévoyée
Consacrée à l'opprobre.

Nos pensées nos actions

Nos pensées et nos actions
antithèse permanente
Nous pensons émancipation
En même temps nous nous en fermons
Dans des certitudes
Attentatoires à nos libertés
Fondamentales rectitudes

Renvoyant dans les nuits des temps
De l'esclavage aux colonisations
Amistad de la révolte océane
N'a engendré aucun écho
Nos lamentations interminables

L'ailleurs nous séduit
Par ses tentations simplistes
En même temps par mimétisme
Nous en adoptons les prédicats
Nous refusons de nous traiter
Meilleurs que nous sommes
Paraît un écho ourdi
Par de multiples labyrinthes
Qui vagabondent d'âge en âge
Relisant le parchemin
De la fécondité ardue
De nos digressions
Aux couleurs orangées du couchant
Nous sommes le peuple
À jamais avanie.

Nos pensées
Nos actions
Labourent mais en vain
De sillons stériles
D'où ne germent
Les lingots de la concorde
De notre salut !

Nuit de pluie sur Abidjan

Les passants
Le pas pressant
Tentent vainement
Se mettre à l'abri
Le roulement
Du tonnerre comme une orgie
D'autant de tambours majors
A fait sursauter
La fillette accrochée
Aux pans du tissu de la mère

Les lumières des voitures
Transforment en pépites d'or
Le temps d'aller à leur rencontre
Les gouttes de pluie
Qui tombent sans encombre
Sur une chaussée
Qu'elles rendent glissante

Paraissent des ombres
De formes embrumées
Du brassage chaud et froid
Telles des ombres chinoises
À la cadence incertaine de la lumière
Elles s'estompent avec celle-ci

Les volutes nées
De la rencontre soudaine
De la fraîcheur nocturne
Et des alizés balayant la lagune Ébrié
Se répandent, en fragrance
Qui nous ancre en terre africaine
Et fait chorus aux gouttes qui dansent
Avec les feuilles des manguiers

Les rues vides
Contraste
De l'animation tantôt
Sombrent dans un silence ouatiné
Que seules troublent
Les gouttes qui tombent dru
À la rencontre du macadam
Exhalant des fumerolles
Qui dansent au gré du vent.

Au-delà
de nos passions

Nos routes et nos passions
Sont devenues divergences
En ce qu'elles s'étalent avec aversion
Dans tous les sens

Désormais
Entretenant cette illusion
Que nous sommes encore amoureux
Que dis-je?
Amants mais cette fois bien maudits

Plus le temps passe
Ne restent que les souvenirs
De nos virées en Bretagne
Les week-ends de rêve

Ces rêves possibles
Désormais se diluent
Dans le temps qui passe
Inexorablement

Et font apparaître
Ces mots qui ne sont
Que pour les autres
Et qui confirment
La régression de notre relation

J'étais ton cœur
Je suis devenu ton compagnon
Après avoir été ton mari

À tous ceux que l'on croise
Tu ne sais plus leur dire qui je suis
Tu m'as sorti de toutes les cases

Alors j'ai clos la parenthèse
Ouverte il y a si longtemps déjà
Sans avoir réussi à amender
L'élan de nos cœurs épris

Ainsi parfois finissent
Les histoires d'amour… en général
Mais la pute comme la salope
Et leurs alter-ego masculins
Ont aussi le droit
De rêver dans les bras de Morphée.

Émotions
dès l'instant

Émotion dès l'instant
Malaise insistant
Au sommet de la tour
J'embrasse dans sa plénitude la cour
Réunie non par un désir d'amour
Mais pour les cancans alentours

Je sombre alors de ma hauteur
Embrasser les malheurs
Jusque-là récusés
Jamais excusés
Tomber de ci-haut
Et avoir le rôle du prévôt
Sarcasmes d'un monde
En déliquescence immonde

Les voix des sans voix
Des sans dents
Errent sans entrain sur des voies
Que personne plus jamais n'emprunte
Et qui jamais ne laissent d'empreintes
Parce que remisées aux bans !

Les voix des nantis
Folâtrent avec une arrogance infinie
Nous contant l'exubérance
Sans nuances
De leurs comptes en banque
Tandis que nous écopons les barques
Qui prennent eau de toutes parts sans nuances
À l'issue certaine écrite d'avance.

Le temps
de notre obsolescence

Regardons le temps qui passe
Dès le lever du jour
Jusqu'à l'infini de sa course

Nous contemplons les couchers du soleil
Alors qu'en réalité
D'autres le regardent se lever
C'est là la magie
De notre planète

Et j'imagine souvent
Échapper à mon sort
En courant devant lui
Espérant que jamais
Il ne me rattrape
Pour régler ses comptes
Avec moi

Alors je pense ainsi
Pouvoir reculer indéfiniment
L'inéluctabilité de ma mort

Mais ce n'est qu'un leurre
Les conventions de notre existence
Fixent cette inéluctabilité
De sorte que l'illusion
De nos mouvements
Ne nous met point à l'abri
Du temps de notre obsolescence
Vous donnerez ma dépouille
En hollocauste
Au feu purificateur

Pauvre noir

Pauvre noir
Pauvre diable
À rebours
Nous cherchons
À nous blanchir
Nous forçons leurs traits
Nous les épousons
Pour mieux leur ressembler
Il est rare de ne point rencontrer
Dans les rues d'Abidjan
Dans les rues de Yaoundé
Les vestiges de ces unions
Pauvre noir
Pauvre diable
Et pourtant
Les plages sont prises d'assaut
Dès que paraissent les premiers rayons de soleil

Gâta dia ba Kongo

Nom générique
Composition ethnique hétéroclite
Véritable kaléidoscope d'identités

Sous ce vocable
On fait simple
Y engloutissant de pans entiers
D'autres quartiers
De spécificités singulières
Avec la régularité
Qui caractérise les pogroms
Cet ensemble hétéroclite
Est soumis à une marche forcée
Vers les ténèbres
Les rues jonchées d'immondices
Les nids de poule
Réceptacles de moustiques
Bac City devenu
Depuis Bac Ntebe
Pour mieux symboliser
Sa régression à vaut l'eau
Dépotoirs et pourritures
Avoisinent gaiement
Les étals à même le sol
La puanteur
S'est ancrée dans l'inconscient général
Les gaz secrétés par l'amas d'ordures

Ont fait des poumons
Leur nid de prédilection
C'est un peuple déshumanisé
Qui survit sur ses sommités
Qui rebattent les cartes
Des causes des décès
Ou elles se sont inventés
Les limites nouvelles
La lieue mise au ban
Souffre-douleur
D'une vérité éclaboussée.

Lettre à Christiane

Humain, Humanité...

Je t'ai fait une réflexion que je pensais frappée au coin du bon sens. Ta réponse m'a fait prendre conscience d'une réalité que j'occultais. Un pasteur était décédé et tu m'as fait suivre l'information. De ce que j'en savais, je t'ai demandé si toi aussi, tu faisais partie de cette mascarade.
— Pourquoi mascarade frérot ? m'as-tu répondu !
Et moi :
— Je ne savais pas que tu étais une adepte de la secte !
Tu t'es expliquée :
— Il s'agit d'une information qui nous a été donnée, point barre. Ce sont des êtres humains aussi. Voilà !
Là, a commencé à germer dans mon esprit, le rapport à l'humain et à l'humanité. Dans le monde dans lequel nous vivons, ces deux notions ont-elles encore un sens ?
Humain, je me suis rappelé qu'au sens second cela voulait dire sensible, compréhensif... Cette personne décédée était tout le contraire. Incapable d'empathie pour les autres, elle s'est employée avec les siens et en sa pseudo-qualité d'autorité religieuse, à se remplir les poches au détriment des naïfs qui lui firent confiance et leur a imposé des servitudes.

Oui, il est humain au sens premier, comme peuvent l'être les assassins, les voleurs, les violeurs, les tyrans... C'est là que cet adjectif perd tout son sens.

Et lorsque l'on regarde notre monde et ses turpitudes assassines, même le mot humanité devient sujet à caution.

Alors mille excuses, si je ne me suis pas mis à pleurer sur la disparition de cet auguste humain !

Humanité, une devise ?

Vivre...
Une pièce de théâtre
L'ignorance...
Mère des rancœurs
La cupidité...
Mère de stupidité
Humanité...
Notre devise

Je mets un genou à terre
Pour vous signifier
Mon désir de paix
Foulant aux pieds
Les préjugés raciaux
Lorsque nous sommes tous
De chair et de sang
Et qu'il serait comique
Qu'à notre mort
Nos os soient
De couleurs différentes

L'acceptation des différences
Est la réponse
La racialisation des pigments
Est l'éternel poison
La tolérance est le terreau
De notre humanité

Le temps passe
Et jamais ne revient
Le passé reste immuable
L'avenir
Invite au dépassement
Des préjugés

Autant de fois
Nous reculerons nos montres
Autant de fois
Nos errements
Seront fixés pour la postérité

Pouvons-nous alors
Puiser dans nos fonds secrets
La chaleur de notre humanité
à géométrie variable
Pour abolir nos différences
Circonstancielles !

Table des matières

Brazzaville ma patrie...	15
La petite rivière prédestinée................................	17
Sursum Corda..	19
L'inconnu..	23
Congo...	26
Kongo...	29
Crépuscule sur le pool...	31
Mpimpa..	33
Nuit et solitude...	35
Ngondà..	37
Makuela...	39
Alliances claniques..	43
Malaki..	47
Les piétons...	50
Notre devise...	54
Macabre..	58
Congolia...	65
Elle..	67
Inéluctable...	71
Résurrection..	74
Comme un oiseau...	79
Lorsque pèse la solitude.....................................	81
Triste légende..	83
Nos pensées nos actions....................................	86
Pluie sur Abidjan..	88

Au-delà de nos passions..................................	90
Émotions de l'instant.......................................	92
Le temps de l'obsolescence.............................	94
Pauvre noir..	96
Gâta dia ba Kongo...	97
Lettre à Christiane..	99
Humanité, une devise ?..................................	101

Cet ouvrage a été réalisé
pour le compte

Dépôt légal
Imprimé en Europe